A EXPULSÃO DOS DOIDOS

e outras micromemórias

Bernardino Furtado

A EXPULSÃO DOS DOIDOS

e
outras
micromemórias

alameda

Edição: Haroldo Ceravolo Sereza & Joana Montaleone
Editora assistente: Danielly de Jesus Teles
Projeto gráfico, diagramação e capa: Danielly de Jesus Teles
Assistente acadêmica: Tamara Santos
Revisão: Alexandra Colontini
Desenhos: Nélio Azevedo
Imagem da capa: Paulo Trajano

Os minicontos deste livro não têm ponto final por uma decisão do autor.

CIP-BRASIL. CATALOGAÇÃO NA PUBLICAÇÃO
SINDICATO NACIONAL DOS EDITORES DE LIVROS, RJ

F987e

Furtado, Bernardino
A expulsão dos doidos : e outras micromemórias / Bernardino Furtado. - 1. ed. - São Paulo : Alameda, 2021.
150 p. ; 21 cm.

ISBN 978-65-5966-076-6

1. Furtado, Bernardino. 2. Escritores brasileiros - Biografia. 3. Literatura - Miscelânea. I. Título.

21-74545

CDD: 928.69
CDU: 929:821.134.3(81)

ALAMEDA CASA EDITORIAL
Rua Treze de Maio, 353 – Bela Vista
CEP: 01327-000 – São Paulo – SP
Tel.: (11) 3012-2403
www.alamedaeditorial.com.br

A Isabela, Bruno, Nadja e Luã, crianças depois de mim

Flechado pelo último Boachá,
Sebastião virou santo padroeiro

SUMÁRIO

PREÂMBULO

Quando você volta ao lar do qual partiu,
pensa que fechou o círculo,
mas percebe que sua viagem foi só de ida.
Do exílio ninguém regressa.
Tomás Eloy Martínez

Quando Bernardino Furtado me convidou para escrever esse preâmbulo, confesso que fui acometido por um profundo medo-pânico. Estaria eu à altura de tal façanha? Como começar? Qual o caminho a seguir, o que ver, observar, pesar, categorizar, perceber, emocionar? Para quebrar esse impasse, deixei-me levar pelo conselho que o Rei de Copas, muito grave, em *Alice no País das Maravilhas*, endereçou ao titubeante Coelho Branco: "Begin at the beginning, and go on till you come to the end: then stop" ("Comece do começo e prossiga até o fim: então pare!"). Trata-se de uma admirável observação da capacidade de jamais tomar por óbvio o "óbvio".

A lembrança da magnífica e delirante fábula, escrita por Lewis Carroll no começo da segunda metade do século XIX, não me veio por acaso.

Adentrar o universo apresentado por esse *A expulsão dos doidos* foi, em todos os sentidos, uma experiência arrebatadora.

Mas qual a ordem do arrebatamento? Ao neófito, ver a aparição de algo inteiramente novo, pela primeira vez, leva-o a um total deslumbramento, um clarão de luz que o conduz a um ofuscamento ímpar que, paradoxalmente, o impede de ver. É uma experiência, portanto, sem razão, puramente extática. Passado esse momento, vem o vislumbre, proveniente do afrouxamento da luz, momento de certo distanciamento, de mediação, de racionalização, de detalhamento, de se pensar na experiência e suas fantasmagorias. É quando se percebe o quanto o *début* carregava de fulgurâncias. No primeiro instante, encantamento, no segundo, ainda que não distante do espetáculo, um certo sentido analítico, alguns porquês, como se a procura de um outro sentido que não aquele previamente dito para ser percebido. Assim, é na corda bamba do deslumbramento que componho tessituras sobre o livro de Bernardino Furtado, escritor. Um livro que é, antes de tudo, um livro dos começos. E todo começo está coberto por várias camadas do real.

Vivemos tempos sombrios. O que não significa dizer que tudo está perdido. E um dos instrumentos para se combater tempos sombrios é a palavra. *A expulsão dos doidos* é um texto palimpséstico.

São cartas, bilhetes retirados do tempo de infância, com suas nódoas, letras apagadas, buracos de traças, amarelecimentos pelo tempo, fragmentos decifrados. Um baú aberto, não de ossos, mas de coágulos do tempo. O reencontro do lançador de mensagens em garrafas com as mesmas.

Assim sendo, cada fragmento traz um fio e, no fim, temos uma obra grandiosa, que nos revela um escritor com pleno domínio da palavra escrita, despojado de seus excessos, reduzido ao essencial, à frugalidade. São textos enxutos, sem gordura, liofilizados. Instantâneos do que se quer passado. É um livro que força o leitor a pausas, divagações, devaneios, livres associações. Característica estilística que abre portas para as seguintes nuances interpretativas desta obra que considero, desde já, extraordinária.

Há um ditado que diz que o estilo é o próprio homem. Um escritor alcança seu objeto expressivo quando elimina todas as asperezas e oferece transparências luminosas ao quotidiano mais banal, mais comum. Isto requer um longo caminho em direção à simplificação, a um progressivo despojamento do tom, numa contínua aproximação da verdade. Este estilo contido nos leva a seu humor fino e cáustico. Normalmente, para se atingir um certo humor, o escritor com pouco estofo estilístico utiliza um recurso muito comum no desenho caricatural – e mesmo na criação de personagens – que é o de reforçar, exagerar determinados traços mais visíveis de um personagem. No texto de Bernardino Furtado não há lugares para imagens hiperbólicas, e, sim, para imagens contidas, milimétricas, traçadas em pequenos traços expressionistas que fluem num pensamento calmo, num caos calmo. Assim, seu humor fino transparece justamente pelo ritmo, pelo essencial ajuste das palavras, pelo domínio da escritura.

Bernardino Furtado se diz, modestamente, um péssimo fotógrafo, porém suas letras o desmentem. Através delas vislumbramos paisagens, cenas, repertórios, que compõem inusitadas e bem cuidadas fotografias da alma. *A expulsão dos doidos* contém uma série de narrativas curtas que denomino "passagens". Cada uma delas tem uma epígrafe, uma frase solta que, antes de adiantar o assunto, opera como se fosse um *flash*, algo que veio à mente de maneira muito rápida e foi captado no mesmo instante. Por isso, não tem quase nenhuma relação direta com a "passagem" que a sucede. Alguns soam como hai-kais – "de manhã, não havia sombra de dúvidas" – e funcionam como uma espécie de etimologia dos sentimentos. O escritor sabe da (des)memória. Sabe que a outra face da memória é o esquecimento, que ilude a memória. Coincidências/acasos da vida. Imagens.

E sigo divagando pelo explícito diálogo que o escritor, nesse livro, trava com os clássicos. O que não é de pouca monta, pois os clássicos ajudam em nosso esforço de superar o provincianismo, não de espaço, mas de tempo, como afirmou o poeta T.S. Eliot. Mas aqui surge uma questão: o que é e o que faz um escritor e/ou uma obra ser considerada um clássico? O reconhecimento inafiançável de atributos de persistência. Isto quer dizer: considerar um autor como um intérprete autêntico de seu tempo e sua obra como um acesso privilegiado para a compreensão da época histórica em que viveu; manter o autor e a sua obra em uma atualidade que instiga sua constante releitura e reinterpretação; e ter um autor concebido, na sua obra, categorias de que nos valemos para apreender a realidade, embora esta não seja mais a mesma que levou à sua inicial elaboração e aplicação. Em linhas gerais, são escritores e obras que nunca terminaram de dizer aquilo que tinham para dizer, que estão em *work in progress* permanente.

Se os clássicos nos emprestam seus olhos, corações e mentes para que possamos ver outros tempos, com quais deles Bernardino Furtado dialoga? Alguns dos clássicos aparecem em sua obra em tom claramente confessional, como Proust – "foi minha Madeleine" ("Miopia"), Dante – "mais tarde, entendi que aquilo era semelhante aos círculos de Dante" ("O universo"), os Irmãos Grimm – "talvez porque, na época, andasse muito impressionado com a história do Homem de Hamelin" ("O flautista"), Pessoa – "ficou o sonho de navegador, que não foi saciado" ("Canoanã")... E outros transparecem imiscuídos no seu estilo, tais como Graciliano Ramos, Guimarães Rosa, Gabriel García Marques, Pedro Nava, Julio Cortázar... Um amálgama que faz deste livro uma obra de fôlego.

Ouso afirmar que este *A expulsão dos doidos*, firmado com e sobre os clássicos, apresenta o que talvez possamos categorizar como atributos de recorrência, o ponto nervoso do livro. Recorrência não no sentido de repetição, mas no de reaparecimento, recaída, ressurgimento. Percebemos, assim, que o passado nos fala constantemente e que ele nos fala não se repetindo, mas reaparecendo, assim como acontece com um sintoma que some e reaparece. Ora, o que some e reaparece é, por definição, um fantasma. E o mundo descrito pelo escritor é um mundo povoado de fantasmas. Mundo enquanto fantasma, fantasma do sonho. E o mundo sempre foi meio fantasmático, uma vez que somos meio fantasmas. Falamos com os mortos, com os desaparecidos, com os ausentes... O fantasma do Nome do Pai e, nesse caso, homônimo. O fantasma do reencontro com a Mãe-Terra. O fantasma da Prof.ª Hilda Bacelar, feminista *avant la lettre*, ensinando os alunos a pregar botões... Essa riqueza fantasmática presente em todo o livro nos revela um escritor que não se furta em se desnudar ante o leitor, em expor seus sentimentos em brasa.

Identificado esse rico e evidente universo fantasmático do livro, algo nos intriga. Logo de início, na primeira página, o escritor declara que o texto que oferece ao leitor "não é ficção". Entretanto, ficção, antes de ser uma categoria pertencente apenas e exclusivamente ao universo das letras, pode ser também o das representações do mundo, nas construções apresentadas por nós – construções tanto na acepção de que damos um sentido qualquer à realidade, quanto na de que construímos uma miríade de coisas. Os *flashes*, parte da arqueologia dos sentimentos, como aparecem de fato em várias das "passagens", como no teatro de mamulengo, não só anunciam maneiras de se deslizar o olhar pela memória, como também enunciam, metaforicamente, a presença na vida real, concreta, de camadas interpostas e sobrepostas. É com este despiste que o escritor constrói seu próprio mito, já que toda narrativa é, conceitualmente, um mito. É este artifício formal que o permite a liberdade de transitar por inúmeros gêneros literários sem se perder. O que é raro.

Assim, dentro desse raciocínio, *A expulsão dos doidos* não é um romance, nem *roman à clef*, nem prosa, nem poesia, nem autobiografia, nem memorialística, nem livro dos prefácios. É um texto urgente. Que nos ajuda a pensar não somente nas histórias narradas pelo autor, mas nas nossas próprias histórias, criando uma imorredoura circularidade. E, seja qual for a noção que tenhamos da verdade de uma narrativa, já agora sabemos que ela é construída. Nesse livro, repito, cada palavra é pensada em sua essência, é ajustada para dar um determinado efeito, que força a imaginação e a reflexão do leitor. É um texto que arrebata e faz o leitor se redescobrir em um caleidoscópio de lembranças. Toda grande literatura tem essa capacidade. Bernardino Furtado, com este livro, conseguiu essa irrefutável proeza. É um livro que veio para ficar. O que já é um grande começo.

CODA

A amizade enquanto ficção. Bernardino e eu somos amigos há mais de quatro décadas. É um fato raro e político. Explico. Há amizades utilitárias e há amizades sem objeto. E foi esta última que cultivamos. Desde os gregos antigos, sabemos que amigos não são aqueles que convivem em torno de um nascimento, uma lei, um lugar ou um gosto. Eles convivem, dividem, doam entre si a experiência da amizade. Experiência esta que prevalece acima de qualquer categoria classificatória, uma vez que o que há para repartir e alimentar tal amizade é o próprio fato de existir, a própria vida. E é essa partilha que constitui a política.

Reginaldo Luiz Cardoso
Belo Horizonte, inverno de 2021

Mais ou menos atrás da matriz
católica ficava a zona

UMA APRESENTAÇÃO

Este livro, pequeno como um menino, nasceu no começo do segundo ano da pandemia, 2021. Essa onda, de mortes, de doentes, de dor, de vergonha e revolta contra o presidente da República que tínhamos, também provocou falta de trabalho, amputação de sonhos e planos, dívidas que já não se podia mais continuar a quitar aos poucos.

Individualmente, a grande mudança foi um até então improvável retorno para a cidade onde nasci. Raul Soares tem aproximadamente 24 mil habitantes, contando os da sede, dos distritos e dos córregos. Fica no Leste do Estado de Minas Gerais, a 230 quilômetros de Belo Horizonte, e é banhada por dois rios: o Santana, pouco mais do que um ribeirão, e o Matipó. O primeiro deságua no segundo a menos de um quilômetro das duas praças simétricas que marcam o que chamamos de Centro, e os moradores da zona rural, de Rua.

A casa é a mesma, onde vim ao mundo pelas mãos de Maria Boaventura. Uma honra ter parteira que trazia alvíssaras no próprio nome. Ela e minha mãe estiveram juntas também na morte. Em caixões dispostos a poucos metros um do outro, foram veladas no mesmo dia de 2015.

Habitei o quarto verde. Esse cômodo é dotado até hoje de uma grande e pesada janela de madeira que se abre para a rua com algum esforço para arrastar as duas bandas sobre um trilho. Eu adorava me esgueirar por ali para o jardinzinho da frente, que era separado da calçada por uma cerca de pedras irregulares e cinzentas meio cobertas por uma carreira de coroas de cristo.

De 1962 pra cá, houve falecimentos e desparecimentos. Morreram o pai e a mãe. Desapareceram o consultório de dentista e a oficina de prótese anexa, transformados em quartos. Foram extirpados o coqueiro, a goiabeira e o caramanchão do terraço. Não há mais galinhas, a não ser as dos vizinhos que pulam às vezes para o nosso quintal e não conseguem voltar, nos causando um certo incômodo.

Não éramos pobres nem abastados, mas muitos: cinco irmãs e quatro irmãos. Tínhamos um modo de vida que não era nem mau nem bom. Vivíamos simplesmente e isso produziu muita lembrança.

Morando de novo nesse ambiente, depois de 44 anos, tive um reencontro inescapável com essa infância que, no meu caso, foi mais longa do que se pode imaginar hoje. Durou 14 anos. Resolvi escrever algumas histórias que me vieram à cabeça. Não é ficção, embora tenha introduzido nos enredos um bocado de interpretações e imaginações retrospectivas

Boa leitura!

Raul Soares, 2021.

O cemitério foi instalado no alto de uma colina, mais perto do céu

CORTEJOS

O tempo é de morte. Pelo telefone rasteiro, que estende seus cabos imaginários no curso do Córrego de Ubá, Jorge recebe as notícias. As reconta, com os pés na terra, mas quase a levitar de assombro. As pessoas falecidas vão sendo nomeadas, com parentescos e ocupações exercidas quando havia vida, posses ou falta de posses, defeitos e virtudes, dívidas legadas. As chuvas se foram deixando um rastro de presságios que antes não prosperavam nos caminhos da natureza. É tempo de morte e enterros rápidos, sem quartiagem.

Na infância, depois de longas quartiagens noite adentro, os defuntos em caixões eram empurrados pelas ruas da cidade sobre padiolas com quatro rodas de bicicleta. O sino dobrava de modo singular. Em volta do caixão, seguiam os parentes e amigos mais próximos. Formavam-se filas paralelas atrás, como nas procissões de Semana Santa. O caminho era relativamente longo, e o cortejo, lento. Dava tempo para animadas conversas a respeito da trajetória da pessoa falecida, para flertes e outras atividades próprias de vivos

Caminhos são assim, vários, nos enganam,
e ressurgem à frente, mudados

ENCONTRAR O MAR

Às vezes, no caminho do sítio, quando passo pela placa que indica BR-262 a 25 quilômetros, me lembro do primeiro encontro com o mar. Já era asfalto. Uma revolução muito aguardada por nós, que íamos visitar as obras. Ficou na minha lembrança o ploque-ploque dos pneus da bicicleta sobre a base de terra quando passavam sobre os buraquinhos abertos pelos rolos compactadores. Em uma fase de vacas gordas, o pai decidiu que devia levar à praia a família de córregos, rios e lagoas. Pela 262, Guarapari, Espírito Santo. E levou. Graças ao João Vitor, ao volante de uma kombi, coubemos os onze. Casa alugada, de fundos, a uns poucos quarteirões da Praia do Morro. Água salgada, ondas, muita areia. Entrei numa boate e, pela primeira vez, beberiquei uma bebida alcoólica, acho que um martini, ou um gin, uma vodca, sei lá. Liberalidades sazonais do velho Bernardino. Tinha uns doze anos, e o pai me orientou a estufar bem o peito na entrada para parecer mais velho. Também ganhei um boné com a logo da Honda, que os camelôs na praia vendiam aos gritos de "ao boné da onda". Isso me fez sentir menos diminuído em relação à molecada que fazia roncar os motores das motinhas em frente ao hotel Coronado para impressionar as meninas. Duas semanas, quinzena

ENFEITES E BREVIDADES

Os sinos eram onipresentes e seus badalares,
diversos, tinham significados compreensíveis

Nos Natais, o pai costumava ficar de péssimo humor. Especulávamos a razão. Ficou órfão de mãe menino e foi criado por uma tia, afastado do pai, que se mudou e constituiu nova família.

O estado de espírito não impedia que Bernardino cumprisse o ritual de tirar das caixas as imagens em gesso do presépio. Desenrolava o extenso papel grosso revestido de areia colada tingida de verde-musgo. Era o forro do cenário e servia para dar forma a uma gruta. No interior, um menino Jesus sorridente deitado num nicho quase plano, que cuidávamos de adornar de palha fina. Maria, José, pastores, uma vaca, um asno e muitos carneirinhos brancos. Passado o Natal, eram introduzidos os Reis Magos no proscênio. Daí, caminhavam parados até o 6 de janeiro.

A mãe reunia as filhas mais velhas para o doce de figo verde. Era um processo que envolvia lixas, cinzas, paninhos e muitas fervuras em tacho de cobre. Às vezes fazia uma rabanada. A suprema ambrosia era mais ou menos de lei.

Mas alguns filhos, talvez dos mais novos, tinham fascínio especial pela árvore. Penduravam-se bolas coloridas nos ramos. Eram feitas de uma espécie de vidro fino, assim como as lâmpadas pisca-pisca. Nas pontas, as bolas tinham uma argolinha de arame para serem atadas aos ramos. Eu tinha predileção pelas vermelhas. A cada Natal, uma ou outra se partia.

Eu, o sexto, a quinta e provavelmente a sétima, ali por novembro, entendemos que era preciso repor algumas bolas bem grandes. Docemente mancomunados, achamos um jeito singular de arrumar dinheiro pra isso, uma vez que o pai parecia reticente em resolver a questão por si só. Talvez entendesse que as bolas restantes bastavam.

A mãe fazia um dinheirinho vendendo por encomenda balas à base de leite de coco e açúcar, que eram chamadas de bala-delícia. E nos dava uma parte dessa renda, diariamente, em moedas, para comprarmos brevidades de manhã na Padaria do Sílvio Nogueira. Dizia-se que eram feitas de polvilho de araruta. Eram arredondadas e desmanchavam na boca. Enfeite da merenda escolar.

Então, conluiados, a quinta, o sexto e a sétima, decidimos nos privar das brevidades para juntar o dinheiro das bolas de árvore de Natal, que nem sabíamos quanto custavam.

Como éramos supremamente descuidados e sem experiência de avareza, a mãe descobriu em pouco tempo aquele pequeno acúmulo de moedas. Nos chamou na chincha. O que é isso? Como tínhamos pouca experiência também na mentira, entregamos logo o plano. Maria do Carmo ficou possessa. Mandou-nos gastar tudo naquele mesmo dia. Saímos a comprar picolés da Sibéria, balas, pirulitos, até esgotar as moedas.

P.S.

Sucessores do Sílvio continuam a fazer brevidades na padaria do Jardim Novo. Um real cada. Comprei uma para lembrar. Achei-a menor e infantilmente doce demais

Minerva era uma flor rosa que dava
em cachos sobre um muro velho

PROFESSORA

Hilda Bacelar morava ali nos Belchior, onde eu ia pegar leite a pé, numa vasilha de lata, no curral da fazenda da família dela. Chegava, e o leite estava lá, sobre uma bancada de tábuas, coberto pelo pano branco em que tinha sido coado. Era um lugar próximo, mas na época profundamente rural, caminho para o matadouro, onde muitas vezes fui buscar sangue e bucho de boi, dominantes em um período de dificuldades no cardápio da minha casa.

Minha mãe, Maria do Carmo, cozinhava o sangue de boi até formar uma massa. Cortava em cubinhos, regava com molho inglês e derramava cebolinha picada por cima. Eu adorava. Já o bucho me repugnava pelo cheiro que exalava ao ser ferventado e pela textura final. Em outros lugares chamam de dobradinha, preparada com feijão branco. Não passo nem perto.

No colégio, Hilda foi minha professora. Não me lembro de como chamava a disciplina. Recordo-me, com admiração, da maravilhosa ousadia daquela mulher por nos ensinar, meninos e meninas, rudimentos de costura. Pregar botões, por exemplo, naquela época em que os botões eram onipresentes nas roupas.

Pela vida afora, preguei um bocado de botões em camisas. Costumava ficar torto, fora do alinhamento das casas, o que provocava algumas pregas nas camisas. Mas, graças a Hilda, a minha barriga não ficou de fora.

Dia desses de pandemia, ao trocar o elástico das minhas máscaras anticovid, me lembrei daquela mulher, enquanto eu manejava sofrivelmente uma agulha para unir as pontas. Hilda era revolucionária

Tinha medo de escuro e de
histórias de almas penadas

CORRESPONDÊNCIAS

A mãe me ensinou a escrever as primeiras cartas. Sempre tinham que começar com um espero que esta encontre todos em boa saúde e na paz de Deus. Se o destinatário vinha nos visitar proximamente, era necessário acrescentar, ao fim, boa viagem e belo regresso. Escrevi um bocado de cartas até o início da juventude. Segui o cânone de Maria do Carmo por um bom tempo, mas as regras foram se perdendo à medida que eu incorporava contemporaneidades licenciosas.

Nos tempos do belo regresso, perambulava, menino, a escutar conversas de adultos. Como a álacre falação dos ciganos que vinham de quando em quando para temporadas. Me metia no meio da azáfama da montagem das barracas de morada fugaz, marretas fincando estacas no campinho ao pé da rua do Morro. Exerciam um fascínio sobre mim. Mercadejavam com cobre, manufaturavam ou reformavam tachos.

Meu pai os tachava de desonestos por natureza, por causa dos negócios com cavalos. Dizia que apertavam fios de metal acima dos cascos dos animais velhos. Isso, argumentava, forçava os cavalos a uma andadura empinada, própria da juventude.

Não me lembro se eram empreitadas de ciganos, mas o campinho também abrigava touradas noturnas, iluminadas por holofotes, com o picadeiro atapetado de serragem de madeira. Traziam touros chucros das fazendas. Tinha de pagar ingresso. Acompanhava apenas a montagem das arquibancadas. Míope desde sempre, via o espetáculo com dificuldade do terraço de casa.

Nessas escutações de conversas de adultos, uma história sobre cartas agarrou na minha memória. Um trabalhador contava pra um companheiro o enredo do namoro com uma prostituta local. O enrabichado escrevia cartas pra ela. O endereçamento: remetente: Valdomiro, rua Principal S/N – Bicuíba. Destinatária: Zulmira – Zona - Raul Soares. O namorado garantia que toda correspondência chegou à amada sem atropelos

De manhã, não havia sombra de dúvidas

A FÉ DOS OUTROS

Passados poucos dias, o cruzeiro enfeitado, sob sol e sereno, começa a perder as cores. Desbotado, continua lindo. Até que, meses depois, as chuvas vêm, o lavam, e a madeira recupera a bruta nudez. Completa-se o ciclo. Três de maio, Dia de Santa Cruz, começo de friozinho e seca, hora de enfeitar. No Sítio Córrego de Ubá, no alto de um morro, a cruz vai receber os cuidados de Jorge e Francisca, como há trinta anos.

Minha mãe gostava desse culto, casada e depois viúva. Nunca foi ver o resultado. Não gostava de roça, embora tivesse crescido na zona rural. Bastava-lhe a fé para imaginar a beleza da cruz coberta de alegria. Limitava-se a dar o dinheirinho para a compra das quarenta e oito, cinquenta folhas de papel colorido.

Muito mais tarde, descobri que na cidade chamam de papel de cruz. Os estoques dos comerciantes acabam às vésperas. O escasseamento começa pelas cores mais alegres, até que apenas sobrem as fechadas, fúnebres, inadequadas. O culto a Santa Cruz foi inventado pela mãe do primeiro imperador romano convertido e deve ser festivo por tradição. É um reavivamento.

As folhas são cortadas em anéis que Francisca e Jorge fixam nas duas peças toscas de braúna com grude de polvilho de mandioca, preparado na noite anterior para que esfrie devagar.

Disposto a participar de alguma forma dessa história, sendo ateu, mas apaixonado pela tradição e pela mãe que se foi, escolhi meu papel colorido. Encontrei a cruz estropiada, o braço meio caído por causa do parafuso entortado pelo tempo, a porca que prendia o conjunto perdida. Jorge explicou que não se podia fincar pregos ali. Intuí que isso era uma negativa de emular os homens que mataram o Jesus. Trocamos por um parafuso e uma porca novos.

Assaltou-me a lembrança do catolicismo primevo da mãe, uma crença carregada dessas materialidades. Pregos, sangue, cruz, corpo ferido, papéis coloridos, lágrimas endurecidas – pedras que se deve trazer e amontoar ao pé do monumento. E de imaterialidades. Respeito, culto, temor.

Rocei a trilha e o entorno. Com uma enxada, capinei onde o mato insistia em interromper o caminho, e fiz degraus nos trechos mais íngremes. Pensei na Ducarmo com saúde e a fé inabalável. Subiria por ali, lentamente, para professar a devoção, até sorrir, diante da cruz enfeitada

As quaresmas chamavam à vida
mulas sem cabeça e lobisomens

ARQUEOLOGIA

João é especializado em caixas e redes de esgoto desde que trabalhou, por muitos anos, no serviço municipal. É um caboco forte, sorriso largo, negro. Logo me avisou, com natural simpatia, que ninguém o conhece pelo nome, mas por Brejaúba. Mora na ponta leste na rua do Morro, debruçada sobre a rua de Ubá. Contou-me que, há algumas décadas, atravessava o sítio da minha família para comprar balaios de bambu manufaturados por João Euclides. Antes do ofício de abrir valas e instalar tubos, colhia e vendia pelas ruas palmito brejaúba, broto de uma pequena palmeira esparramada, bastante espinhenta. A iguaria vinha em bastões, de dois a quatro, mais ou menos, descascados e amarrados em cipós finos. Eram ainda mais descascados até estarem prontos para a refogada na panela, o miolo macio cortado a faca em rodelinhas, amarelas, deliciosas, com feijão e arroz. João não colhe mais palmitos. Virou crime ambiental. Mas, aos 70 anos de idade, continua abrindo valas, manejando cavadeiras, martelete, picareta, pá, enxada. Na casa do início da década de 1950, teve sérias dificuldades de encontrar a rede de esgoto. Muito funda. Trabalho de arqueólogo. Futucações do nosso passado

A mãe levava às camas mingau de fubá doce e fumegante em canecas

FARTURA

Éramos nove irmãos e irmãs, puxados por três mulheres que nasceram primeiramente. As diferenças entre nós eram de um a dois anos, mais ou menos, o que permitiu que chegássemos a viver juntos sob o mesmo teto por algum tempo, na casa que meu pai mandou construir no início dos anos 1950, no miolo da cidade. Havia duas beliches para as meninas mais velhas e a outra irmã, e os dois caçulas dormiam em berços, depois caminhas, atrás de um biombo formado por um guarda-roupas no quarto do casal.

Sou o sexto da prole de Maria do Carmo e Bernardino.

Vivi um pouco de cada uma das fases da família, mas gosto de me lembrar do tempo dos grandes volumes. As coisas de comer vinham em sacos, na época tecidos em algodão cru.

Eram sacos de açúcar, de laranja campista, de amendoim em casca. As bananas chegavam em cachos. Cortadas ainda verdes em pencas que eram dependuradas em dois fios de arame que atravessavam a cozinha. À medida que iam amadurecendo, íamos arrancando as frutas, com uma esticada de braço e uma leve torcida.

O feijão era comprado para vários meses, também em sacos. Meu pai curava os bagos com um produto químico e guardava o mantimento numa grande caixa de madeira instalada no quartinho do terraço. Comíamos usualmente feijão preto, uma anomalia para os padrões locais. Os meus conterrâneos comiam feijão de cor, carioquinha. O nosso feijão de cada dia era uma herança cultural da cidade dos meus pais, Rio Pomba, perto de Juiz de Fora. E não podia faltar angu, muito angu, à mesa. A rapa da panela, raspada com colher e amolecida com leite ou gordura, era disputada a cotoveladas pelos mais gulosos.

A mãe fazia muitos doces. Goiabada, bananada, às tachadas de cobre e fogo de serragem de madeira numa fornalha do quintal.

Lembro da época também dos cortes de pano. Na máquina de costura, viravam roupas quase idênticas para grupos de filhos e de filhas. Pares de jarra, como se dizia.

A horta do quintal experimentava temporadas de superprodução, principalmente de couves. E minha mãe distribuía entre os vizinhos os molhes de folhas verdes que não conseguiríamos consumir.

Mas a gulodice e a curiosidade de alguns filhos produziram acidentes. Como o que exigiu uma sessão de vomitório com água morna e dedo na goela aplicada pelo pai a um casal de meninos. Justamente os do meio, a quinta e o sexto. Confessaram ter comido cubos de queijo envenenado postos no quintal para matar ratos

Havia um burburinho de trens na hora da fome

MIOPIA

Meu pai, Bernardino, me achava um menino besteiro. Vivia no mundo da lua, tinha extrema dificuldade com mecanismos de toda as espécies, não prestava nem mesmo para auxiliar na limpeza dos boticões de dentista. Mal, mal, conseguia fazer canteiros de agrião e catar caramujos e lesmas no quintal.

Na minha besteira, ele descobriu um certo talento e gosto pela leitura. A partir dessa constatação, me pôs a ler em voz alta. Me assentava numa carteira, que ele mesmo construiu, e me fazia ler enquanto atendia os pacientes no consultório com entrada pela varanda da casa.

Essas leituras me levaram a decorar um bocado de estrofes de *Os Lusíadas*, de Camões. Ao saber, o pai ficou orgulhoso. Numa viagem de trem a Ponte Nova, tomado por um arrebatamento, comentou com os passageiros das cadeiras próximas que o filho declamava Camões. E me colocou em cena.

Enchi o peito e recitei várias estrofes, começando pelas "armas e barões assinalados", "taprobana", e "vós, tágides minhas". Satisfeito, meu pai me presenteou com um guaraná antártica envazado em garrafa de vidro da lanchonete do nosso velho trem da Leopoldina.

Quando voltei a Ponte Nova, na primeira viagem sozinho, ali pelos dez, onze anos de idade, fui de ônibus. O trem claudicava. Exame de vista, letreiros, colírio dilatador, primeiro passeio de elevador. Mas o que me ficou pra sempre foi minha Madeleine, o cheiro e o gosto do churrasquinho de porco da rodoviária de Ponte Nova.

Descobri-me míope, de quase quatro graus, e passei a usar óculos, que quebrava com frequência. A minha família ficou agradecida à Nadalete, minha professora do terceiro ano no Coronel João Domingos.

A Nadalete era a mesma que me punha de castigo na parede do fundo da sala, de braços abertos, em posição de cruz, porque eu não conseguia enxergar as lições traçadas em giz no quadro negro. Depois de muito castigo, sugeriu à minha mãe que eu devia ser míope

As tardes eram lentos escureceres
de maus presságios

DESCULPAS

Éramos moleques, com muita disposição e um bocado de estupidez. Saíamos da prova de admissão ao que chamávamos de ginásio, mais ou menos correspondente aos contemporâneos anos finais do Ensino Fundamental. E começamos uma brincadeira bastante besta de nos empurrarmos no meio e nos cantos da rua. Até que empurrei com uma força exagerada um menino franzino.

Ele vestia calça e camisa xadrez de mangas compridas abotoadas no punho, que destoavam das calças curtas e camisas leves do grupo. Era verão forte, com muito sol. Se visse, minha mãe diria que o garoto tinha comido arroz quente. Era a expressão que usava para nos repreender quando vestíamos ou calçávamos algo inadequado para a ocasião e o clima. Como uma roupa de ir à missa quando nada mais tínhamos a fazer do que brincar no quintal.

O empurrão fez o menino rolar numa poça de água barrenta da última chuva. Com a roupa bastante suja, o menino se levantou furioso e gritou que traria a turma da rua Bom Jesus pra me pegar no dia seguinte.

Não me importei muito até que, ao começar a segunda e última jornada do exame de admissão, divisei, do basculante da sala de aula, uma galera trepada no barranco do outro lado da pista da estrada para São Pedro dos Ferros. Era a turma da Bom Jesus. Por várias vezes tirei os olhos do papel da prova para olhar, e a turma continuava lá. Até que, uma hora, sumiu. Suei frio.

Saí já correndo pelo portão do colégio, mas nada dos meus algozes. Voltei a andar em ritmo normal e só topei com eles já na esquina do sobrado do Zelim Dentista. Quando me cercaram, eis que aparece o Palmendes, com uma turma de moleques do Morro do Cemitério. Tomou meu partido e, em pouco tempo, a galera da Bom Jesus vazou.

Devo agradecimentos ao Palmendes e desculpas àquele menino franzino, do qual não sabia nem sequer o nome e nunca me tinha feito mal até que estupidamente o expus ao ridículo

Nas noites de verão, temia que as lagartixas desabassem sobre a minha cama

CU RISCADO

Fui batizado, comungado e crismado. Lembro que a cruz de cinza na testa untada de óleo foi feita por Oscar, bispo de Mariana na época, durante visita pastoral que fez a Rio Pomba, onde eu passava as férias no meio da parentada. Por fim, quando já me intitulava ateu, subi ao altar para o primeiro casamento, recebendo o que considero o derradeiro e imerecido sacramento.

Mas o catolicismo se impôs mais por ser coisa de família e até que durou bem na minha vida. Só o deixei ali pelos 15 anos, depois do terceiro ou quarto chatíssimo e moralista sermão do Simões, na matriz do Pilar, em Ouro Preto. O padre satanizava a "estudantada" que se deitava com empregadas domésticas encontradas ao acaso em um bar da Praça Tiradentes. Ora, eu era um estudante, de fora, e havia me deitado com uma, que, no nosso machismo arraigado, chamávamos de camofa.

O vigário Sermões também empregava parte de suas perorações dominicais para vociferar contra os ladrões que fazia pouco tempo tinham levado quase todas as peças sacras em ouro da velha matriz.

Como se não tivesse faltado zelo do clero em guardá-las em razoável segurança. Como se não fossem conhecidas histórias de certos padres mercadores de peças sacras para colecionadores. Ou que mandaram demolir pérolas coloniais, como a matriz de Diamantina, as igrejas originais de São Gonçalo do Rio Preto e a antiga matriz de Itabira, posta no chão com a ajuda de máquinas da Vale.

Mais decisiva para o meu abandono da religião, contudo, foi a fragilidade da minha fé. Meu fervor religioso era falso e utilitarista. Usava-o apenas para afastar incômodos como a vontade imperiosa de cagar quando esperava um ônibus na beira da estrada, para uma visita à família.

As missas aos domingos eram obrigatórias pra nós. Eram na matriz. Ganhou mais recentemente o nome de Santuário São Sebastião, sem que o templo sofresse mudança significativa alguma, a não ser anjos a tocar trombetas nos telhados. Descobri que foram adotados por outros padres da região. Coisa de um vendedor esperto.

Costumava chegar atrasado, depois de a mãe me instar várias vezes a pôr a roupa de ver deus e tomar o caminho da igreja. Mas, pela tradição pragmática dos católicos locais, bastava chegar antes do Ofertório para não perder a missa.

Preferia a das dez horas, que, na verdade, começava ali pelas nove e meia da manhã. Era mais resumida, uma característica do padre Silvério, que, diziam as más línguas – eu não podia acreditar na época – queria se liberar logo para tomar uma cervejinha e, suprema maledicência, uma cachacinha. Muitos anos mais tarde, o simpático Silvério largou a batina e se casou.

Os compridos bancos de madeira envernizada tinham tábuas estreitas para os genuflexos, que, pra mim, eram a parte pior das celebrações. E, quanto mais arrastada era a missa, mais ajoelhadas eram necessárias. Alguns poucos tiravam um lenço do bolso, dobravam aquele paninho e ajoelhavam em cima. Eram tachados de pecadores pelos mais carolas.

Enquanto me considerava purificado pela última confissão, seguida de não sei quantas ave marias e pais nossos de penitência, entrava na fila para receber a hóstia na língua. Para verificar meu grau de pureza, me submetia a um complexo e às vezes pouco conclusivo autoexame, que buscava razões na maior ou menor gravidade dos beliscões e puxões de orelha que a mãe tinha me aplicado na semana anterior.

Era igualmente incerto o resultado das confissões. O padre se escondia numa cabine de madeira, com janelinha treliçada coberta por uma espécie de filó. Eu me esforçava para identificar o confessor, embora achasse que essa curiosidade fosse pecado. De todo modo, a tarefa era difícil, especialmente quando as admoestações vinham quase monossilábicas.

Tinha dificuldade de enumerar os pecados cometidos, mas, ao mesmo tempo, não podia me ajoelhar mudo e me levantar calado. Isso era coisa de santo e santo eu não era mesmo. Estava mais próximo da definição social de menino do cu riscado

No meio de tudo era aquele
ar morno fecundando vidas

O UNIVERSO

O nosso quintal, que chamávamos de terreiro, era uma profusão de animais domésticos. Galinhas e marrecos, principalmente. Maria do Carmo, minha mãe, corriqueiramente torcia o pescoço de uma galinha para mais seguramente cortá-lo na porta da cozinha, vertendo o sangue numa bacia para o molho pardo.

O pai, Bernardino, criava coelhos em gaiolas. Vez por outra, matava um exemplar com uma martelada na cabeça. A mãe preparava a carne que comíamos sem muito entusiasmo. Depois de curtir o couro, o velho o polvilhava com talco, esfregando-o no espaldar de uma cadeira, até que ficasse macio. O subproduto virava golas de casacos de frio que minha mãe costurava à máquina em cortes de flanela ou veludo.

Os marrecos eram puramente ornamentais. Tanto que meu pai cavou com enxadão um rego e fez correr água para que as aves se divertissem um pouco nesse microrregato fabricado. Como se, assim, os marrecos se esquecessem do lago ancestral.

Eu perseguia as galinhas e marrecos, dando-lhes ripadas. Afoguei alguns, enfiando-os de ponta cabeça num balde. Incrédula, a mãe me interpelava a respeito daquele despropósito. A minha explicação era mais disparatada ainda: queria vê-los nadar. Gostava também de queimar formigas com fósforos.

Para me afastar daquelas más ações, Maria do Carmo me advertia de que, quando eu morresse, antes de chegar aos pés do pai eterno para o julgamento final, teria que passar pela terra das galinhas, depois pela morada dos marrecos e a casa das formigas. Mais tarde, entendi que aquilo era semelhante aos círculos de Dante, e que certamente o inferno tinha um lugar reservado pra mim.

Havia também algumas árvores, lideradas por uma goiabeira enorme. Vicejava junto à fronteira com a família do Seu Longuinho. De tanto me pendurar na ponta dos galhos para colher a fruta mais bonita e difícil, quebrei o braço esquerdo numa queda.

Meu pai adquiriu o lote contíguo. E aí o universo se ampliou quase ao infinito. Ganhamos uma então já velha mangueira ubá, pródiga em frutas perfumadas nos dezembros sufocantes. Agradou-me também porque facilitou a pulada do muro do Sô Nagem para furtar mangas – as frutas da árvore do vizinho sempre são mais saborosas.

Conquistamos de bônus um coqueiro que na época já tocava os céus. Aprendi sozinho a escalar, avançando mãos e pés pelas rugosidades do tronco. Como um símio.

Um dia, o equilíbrio do universo foi quebrado. Apareceram no lote dois felinos selvagens. Meu pai julgou-os da espécie das jaguatiricas. Sob o pretexto de proteger a filharada miúda das garras daqueles gatões, preparou um veneno e misturou-o a uma porção de carne. Os felinos faleceram.

Soube-se depois que aqueles infelizes bichos eram crias de estimação do professor Carlos Magno Grossi, que morava nas redondezas. Seu filho Ramiro, embora na época não fosse mais do que um bebê, assegura que eram gatos-maracajás.

Carlos Magno era um professor de assuntos relacionados a bichos nativos da porção de Mata Atlântica que nos circundava. Caçador renomado na cidade, sabia das diferenças sutis entre espécies de uma mesma família. Ficou na memória de moradores da época a cena do trajeto costumeiro, de bicicleta, de Carlos Magno até o seu escritório de despachante. Era seguido de perto por uma variedade de pato selvagem, um paturi. Voando. O professor, contudo, garantia que era um leri, levemente diferente de um paturi.

Mas certamente sabia bem que felinos da mata são imprevisíveis, mesmo quando criados desde bebês pelo bicho homem. Provavelmente peregrinou por várias casas com quintais até bater à nossa porta. Encontrou os bichanos mortos de pouco. Minha mãe não conseguiu conter a língua. Contou que o Didi havia jogado pros maracajás bolas de carne moída recheadas de veneno. Meu pai ficou contrariadíssimo com a indiscrição: agora, o homem vai virar meu inimigo

Da ponte, se observavam as enchentes
e os detritos em viagem

A EXPULSÃO DOS DOIDOS

O prócer republicano faleceu no poder, longe ainda de completar 50 anos de idade, depois de uma longa agonia, acompanhada com a intensidade possível pela incipiente mídia da ainda nova capital da província. Enterrado com certa comoção e muitos salamaleques, o espectro de Raul Soares de Moura passou a nomear praças, ruas, um jovem município e um instituto de saúde mental.

Quanto às praças e ruas, nenhum impacto considerável. Mas a vida do instituto psiquiátrico e do jovem município se entrelaçaram. Loucos, ou, mais ao gosto popular, doidos, eram estimulados a buscar guarida, ou tratamento, sob o manto do prócer falecido. Como doidos também erram, acorriam à cidade do interior.

Não encontravam nada além das ruas de paralelepípedos, dois rios que se encontravam quase no miolo da cidade, dois jardins, um velho e um novo, simétricos em relação à rua principal, uma estrada de ferro e uma igreja padroeirada por São Sebastião, o flechado.

Nada de psiquiatras e terapias. Assim, aos poucos, a cidade adquiriu grande densidade de doidos e, especialmente, de doidas. Pois era Zilda a rainha da doideira que se instalava.

Vagavam pela cidade, sem maiores atropelos. A rainha, ainda com as carnes firmes, carregava na maquiagem sobre a crosta de sujeira que perseverava no rosto, prezava vestidos e turbantes coloridos.

O príncipe foi um dos últimos a chegar. Estava longe de ser velho e chamava a atenção por dar cabeçadas nos muros e paredes. O povo da cidade o chamava de Ceguinho, mas não asseguro que era cego. Como dava as cabeçadas portando um chapéu de feltro, corria a versão de que fraudava o espetáculo com um recheio de panos na copa do acessório, que nunca tirava da cabeça.

As crianças se divertiam, os mais velhos riam, havia até uma certa benevolência que, entre os mais generosos, se traduzia em doações de roupas usadas, copos d'água gelada à porta das casas, restos de comida.

Até que a Zilda se apaixonou pelo jardineiro e começou a cortejá-lo intensamente. Tinha apelido de Formigão e era um homem bigodudo, irascível com as crianças que pulavam pelos canteiros de grama e flores mirradas e insistiam em se empoleirar nos encostos dos bancos de cimento decorados com nomes de casas comerciais.

Formigão se incomodou com o assédio da Rainha dos Doidos, tirou férias pela primeira vez depois de muitos anos de serviço, e pediu socorro ao prefeito.

O jardineiro historiou horrores dos doidos e das doidas. Assegurou que mijavam e cagavam nos bancos do jardim e faziam sexo sob as árvores. O prefeito, que não era muito dado a circular a pé pelas ruas em horas mortas e vivas, acreditou.

Então, houve a grande expulsão dos doidos importados. Restaram apenas os locais, que não eram poucos: eu, Geraldo Marcio, Ramiro, bem mais novo, um projeto ainda de doido.

Ah, e um cidadão que falava sozinho e peidava muito, ao passar diariamente naquele ponto em que a linha do trem entrava por trás da Governador Valadares, junto à casa do Seu Longuinho, tendo do lado direito o campinho, ao pé da Rua do Morro, onde os ciganos acampavam e se faziam touradas. O cidadão avaliava em voz alta os próprios peidos. Lembro-me de quando exclamava: "Esse até que foi baixo"

Da minha parte, me assentava
na calçada beirando mundo

PATRIARCADO

Eram tempos em que um rapaz se dava o direito de proibir a namorada de varrer passeio. Minha mãe vivia praticamente confinada em casa. Saía apenas para ir à missa aos domingos. Por isso, ela me despachava com certa frequência para fazer compras. Seu Tininho Florentino ia enfileirando as mercadorias no balcão, à medida que eu recitava a lista que a mãe fazia a lápis com letra redonda num papel de pão. No fim, Tininho, na sua discrição amável de poucas palavras, corria a caderneta com o bico da caneta que havia tirado de trás da orelha para conferir se anotara tudo. Estava tudo certo, então brandia a caneta na direção de cada mercadoria e entoava: Dona Maria do Carmo, um, dois, três... nove objetos. Eu ficava orgulhoso da minha família quando a soma de objetos era alta

Era feliz quando o vento secava o suor do medo

O FLAUTISTA

Interpretei, num trabalho de colégio, o João Ratão, o noivo que, por gulodice, morreu na festa do casamento com a Baratinha. Minha mãe, Maria do Carmo, tinha parado de estudar no antigo quarto ano de grupo e levava essas coisas a sério. Afinal, o filho iria "fazer uma parte" na escola e, daquela vez, era uma parte importante. Entendeu que eu precisava usar uma roupa formal na apresentação. E tanto fez que conseguiu tomar emprestada uma gravatinha borboleta de veludo marrom.

Depois da aula, não seguimos diretamente pela Volta do Lixo, caminho normal, que nos permitia comprar a coxinha da Maria Horta, quentinha da fritura recente, que pegávamos pela ponta do ossinho de galinha enterrado na massa. Talvez estivéssemos naquele dia duranguíssimos, a condição normal. E que fosse o dia de matar a fome de outras sensações.

Alguém da turminha sugeriu que passássemos por uma trilha que terminava ao lado do cemitério. Soube que o caminho cortava terras de Totó Bubu. Era totalmente novo pra mim e me vi mergulhado em um desvio fantástico.

A memória insiste em me dizer que, no limiar, existia um portal alto, vazado, sem portão ou porteira. Tinha chuviscado. Na pastagem muito verde rebrilhavam flores brancas. E juro que ouvi um som de flauta o tempo todo. Talvez porque, na época, andasse muito impressionado com a história do Homem de Hamelin, aquele que conduziu com música os ratos ao mar. Muito mais tarde, fui encontrar, com um sentido mais profundo, essa imagem em *Os Demônios,* de Dostoiévski.

Em casa, ao recolher minhas roupas pra lavar, a mãe deu falta da gravatinha. Se desesperou e, na hora, não viu outra forma de punição do que me mandar refazer o caminho até o colégio para procurar o adorno.

Voltei à trilha e achei o lugar sem graça, estéril. O som de flauta tinha sumido. É claro que não encontrei a gravatinha. Concluí que o flautista a levou para se exibir a caráter em outras paragens

Os comerciantes baixavam as portas à passagem dos enterros

REMÉDIOS

Às vezes seguia meu pai em andanças pela pequena cidade. Ele entrava e saída de casas comerciais, fazia perguntas sobre alguma mercadoria, entabulava uma conversa com o proprietário ou algum empregado, que nos armarinhos eram chamados de caixeiros. Essa era uma atividade privativa dos homens. Não ficava bem a mulheres, especialmente as casadas, saracotear pelas ruas e puxar papo ali e acolá.

A predileção do velho Bernardino eram as farmácias. Ele dizia sempre que deveria ter virado farmacêutico em vez de dentista. Eu pensava na figura lendária de um bisavô paterno. Naquele tempo, eu achava que esse ancestral tinha sido o primeiro Bernardino a viver na face da terra. Ele se formou farmacêutico no Século 19. Morreu quando meu pai era um menino órfão da mãe tuberculosa, de quem foi afastado precocemente por causa da longa e contagiosa doença.

O bisavô formulava remédios, cometia sonetos, desenhava, pintava quadros. Um deles continua na parede da nossa casa. Retrata uma paisagem do campo, com pedras, árvores e um animal que bebe água num regato. Uma lenda pra mim.

Mas meu pai andava fascinado pelos xampus e cremes de cabelo. Observava nas vitrines e prateleiras aqueles frascos de líquido colorido e dizia que aquilo devia dar um dinheirão. Eram mercadorias que ainda não tinham entrado na nossa casa de muitas irmãs, além da mãe, e acredito que elas desejavam usar aquilo como muitas outras mulheres do lugar. Mas acho que ainda estávamos no tempo em que tomávamos banho com pedaços de sabão português que eram cortados à faca de uma barra de uns 30 centímetros. Era amarelado com pintas escuras e nos deixava um cheiro de vasilha lavada.

Nesse tempo, mais ou menos, também usávamos papel de jornal para limpar o rabo. Lembro-me de cortar as folhas em quadrados com a ajuda de uma régua de escola. Era recomendado que amassássemos várias vezes com a mão, para que ficassem macios. Assim, tínhamos o cu letrado. Mas papel higiênico não era propriamente uma mercadoria que se comprasse em farmácias.

Comecei a pensar que o interesse do velho era dirigido à vertente comercial dos farmacêuticos de então, que enricavam a seus olhos de dentista de interior, com ganhos minguados para criar a filharada. O tempo dos formuladores de remédios que pintavam quadros nas horas vagas tinha passado.

Eu não me entusiasmava com nada daquilo. Minha referência de farmacêutico era um que atendia numa loja de única porta, bem perto da nossa casa. Chamava-se Sotero, era chamado de doutor, embora, pelo que eu saiba, não fosse graduado.

Diariamente, formavam-se longas filas na farmácia do Sotero. Eram principalmente pessoas pobres em busca de um remédio barato, ou, no limite, de graça. Sotero tinha essa aura de pai dos pobres, de ajudar os necessitados, tendo ele mesmo uma vida modesta que não mudou muito até sua morte.

Lembro-me também que o doutor extraía bernes das crianças que adquiriam as larvas comuns em gado, talvez porque vivessem rolando pelo chão, nas calçadas e nos quintais. Dava berne nos braços, na cabeça, nas costas.

Sotero conquistou nas urnas três mandatos de prefeito. Oscilou entre obras necessárias para a população, como o muro de arrimo da rua do Morro, e as docemente supérfluas, como a fonte luminosa com sapinhos e peixes de cimento e a instalação de bustos em bronze do marechal Castelo Branco e dos irmãos Lana matadores de índios, que a história oficial da cidade estabeleceu serem bandeirantes, muito embora tenham vivido nos anos oitocentos

Nuvens tocavam a torre solitária da igreja

O ESCAPULÁRIO

Minha família decidiu me matricular no Coronel, a Escola Municipal Coronel João Domingos, que funcionava em instalações precárias na rua Camilo de Moura, mais ou menos onde hoje está a agência dos Correios. Assim, eu me tornei uma exceção. Todos de casa começavam os estudos no Benedito Valadares, estadual, perto da matriz católica.

Acho que meu pai entendeu que precisava me pôr logo na escola, porque o sexto filho vivia trepado nos muros, no parapeito do terraço, no coqueiro do quintal. Estava sempre machucado por tombos frequentes, e ele mesmo fazia as suturas, mais ou menos como dava pontos nas bocas dos pacientes.

Assim, o tempo para as confusões seria reduzido em mais ou menos quatro horas por dia. Além do mais, tinha sido alfabetizado em casa, aos cinco anos de idade, pela minha irmã Fátima.

Só o Coronel aceitou acolher um menino de seis anos recém-completados para o começo do que é hoje o Ensino Fundamental. Lá, entrei logo na turma dos galinhos de briga. Bastava tomar como ofensa a fala de um colega que nos sentíamos compelidos a dizer: me espera lá fora que você vai ver.

A nossa rinha era o canto superior esquerdo do Jardim Velho, do ponto de vista de quem olha da igreja de São Sebastião, o flechado. No meu terceiro e último ano de Coronel adquiri um adversário contumaz. Chamava-se Cristiano. Lembro-me que morava na curva depois da Ponte Sete de Setembro sobre o Matipó. Por seguidas vezes me bateu. Acertava-me um murro no que chamávamos de boca do estômago, e eu arriava. Afinal, era a hora da fome.

As brigas não podiam prescindir dos atiçadores. Eram colegas que faziam a troca de sopapos começar mais rapidamente. Tinham uma tática de esticar a mão entre os oponentes e provocar: cada um cospe aqui. Quando as cuspidas eram disparadas, o atiçador recolhia a mão rapidamente. Outro expediente era riscar uma linha imaginária na grama e conclamar: quem pisar depois da linha, pisa na mãe do outro.

Depois de perder muitas brigas para o Cristiano, alguns atiçadores começaram a me encorajar. Diziam que eu era mais forte, que tinha de atacar primeiro, essas coisas. Um dia, eu mesmo provoquei o Cristiano. Fomos pra briga na rinha depois da aula. Acertei-lhe um muro no nariz e daí encaixei uma sequência de golpes. Em determinado momento, ele correu chorando muito.

Depois me contaram. Eu tinha arrebentado o cordão que prendia o seu escapulário, coisa benzida e presente da mãe. A medalhinha de plástico transparente com imagem de santo de miolo se perdeu na grama. Foi um pedaço de sagrado que profanei

Catorze cachorros dormitavam
no mormaço da praça

A VELOCIDADE DO FUSCA

Seu Vadinho tinha a rusticidade de todos nós, semirrurais ou rurais, e uma bondade conosco. Permitia que embrenhássemos pela oficina de ferramentaria e solda que tinha uma forja com brasas atiçadas por um fole de couro acionado com o pé. Do mesmo modo, não se importava que invadíssemos o chiqueiro para nos misturar aos porcos. Além do mais, tinha filhos suficientes para que cada um de nós tivesse um amigo mais ou menos da mesma idade. Rodava num velhíssimo jipe que esbanjava rudeza e ruídos.

O vizinho quase de frente era meu pai, Bernardino. Tinha sua rusticidade também, mas conservava mãos de dentista. Passados os cinquenta, sem nunca ter dirigido, comprou o fusca do primeiro genro. O carro fora machucado num acidente e repintado de um amarelo indefinido, que chamávamos de cor de bosta. Era, se me lembro bem, ano 1971, ainda sem orelhinha.

O pai tomou aulas de direção com o Jurandir do Táxi, um grande amigo, e comprou uma carteira do Estado do Rio de Janeiro. Não sei se foi por insegurança ou resistência a se submeter a avaliações. Vencida essa etapa, passou a ir quase que diariamente ao Sítio Córrego de Ubá ao volante do Volkswagen, aposentando de vez a bicicleta avermelhada com farol grande energizado por um dínamo.

Mas o novo velho motorista era dado a cochilar com frequência, às vezes de pé, encostado na parede. E deu no que deu, dois acidentes relativamente graves. Em um deles, estavam no carro a mulher, Maria do Carmo, e três filhos. A pancada ocorreu depois que havia passado pela Volta do Lixo, logo à frente do Pirulito do Padre Sérgio. Entre outras consequências, um casamento na família teve que ser adiado.

Vadinho foi uma das várias pessoas a acorrer ao hospital, em solidariedade à família acidentada. A conversa se estendia em um emaranhado de análises e suposições, mas sem conclusão alguma. O nosso vizinho ouviu calado por um bom tempo, até que, provavelmente pensando no jipe, expôs a síntese do seu entendimento do episódio: É... o vôqui é rápido

Um carroceiro despejava no rio o lixo de todos

METRO E MEIO

Em 1976, no auge da Ditadura Militar, Altivo de Matos era o líder local da oposição, abrigada no MDB. Usava calça social pega-frango, o cós ajustado bem acima da barriga com um cinto. Alguns o achavam doido, mas o que lhe sobrava era altivez.

Lamberto Santana era o juiz. Usava meias roxas, de bispo, como dizia Zeca Laia. Exalava ao calor de quase sempre uma espécie de água de colônia e devorava cigarros Continental sem filtro.

Era ano de eleição para prefeito. Aos 13 anos de idade, eu estava destacado no cartório eleitoral pela madrinha Jandira Lopes, que se cansou dos meus erros frequentes ao datilografar escrituras.

Virei encarregado de preencher à máquina umas fichas quase da cor das meias do Lamberto. Eram pedidos de transferência de domicílio eleitoral que chegavam aos borbotões. Só muito mais tarde entendi que participava, de alguma forma, do êxodo rural, um fenômeno brasileiro. As roças se esvaziavam de gente para encher canteiros de obras e indústrias de São Paulo, do Vale do Aço, de Volta Redonda.

Zeca Laia se concentrava em atender no balcão os candidatos a novos eleitores. Tarefa inglória. Muitos não conseguiam desenhar o próprio nome e eram aconselhados a treinar em casa, porque "doutor" Lamberto iria dar bomba naquela garatuja.

E, de fato, quando às vezes levava os formulários para o juiz assinar, o via, uma caneta numa mão, o Continental sem filtro na outra, as meias de bispo aparecendo debaixo do tampo da mesa, exclamar: analfabeto de pai e mãe! Menos um eleitor ou eleitora.

Incomodado com a arbitrariedade, Altivo de Matos foi tirar satisfações com o magistrado. Lamberto armou cara de furioso e lançou mão da velha frase da podre elite nacional: "Não vê a distância que nos separa?" Impassível, Altivo replicou: "Um metro e meio"

Agarrada na saia da mãe,
a criança chorava por um picolé

CANOANÃ

Tive um amigo ali pelos meus oito, nove anos de idade, cujo nome já me esforcei em vão pra lembrar. O pai era gerente de banco e em pouco tempo buscou uma cidade maior, para subir na carreira. Foi-se o amigo junto.

Moravam pertinho de nós, numa casa com fundos para o Matipó, na Camilo de Moura, batizada assim para reverenciar um irmão do prócer Raul Soares. O quintal era uma pequena ribanceira que se estendia até o rio, em um ponto de onde se avistava a Ponte Sete de Setembro. Brincávamos com frequência ali, vez por outra invadindo o quintal vizinho de uma padaria, com chão fofo de restos de farinha de trigo.

Foi nesses barrancos que nasceu meu desejo de navegar. Convenci o amigo a juntar galhos grossos para construir uma jangada. Quando começamos a amarrar aquilo com pedaços de cabo de aço encontrados entre os detritos jogados nos terrenos da beira-rio – acho que foi nos fundos de uma oficina mecânica –, o pai dele percebeu meu plano amalucado.

Racional como deviam ser os bons bancários, João – acho que esse era o nome dele – anteviu o desastre. À deriva na correnteza, aquele arremedo de balsa, que eu preferia acreditar, fantasioso, que fosse uma jangada, se desintegraria no choque com a primeira das muitas pedras que povoam o leito do Matipó desde sempre.

João não precisou de um minuto para racionalizar a situação. Proibiu terminantemente o filho de participar daquela patacoada perigosa. Pior, contou pro meu velho, que me passou um longo sabão.

Ficou o sonho de navegador, que não foi saciado com barquinhos de parque de diversão nem caiaques. Hoje preciso de uma canoa e a desejo. A chamarei de Canoanã, em homenagem a uma aldeia Karajá-Javaé que conheci na Ilha do Bananal.

Gostaria que fosse construída com tábuas de vinhático, como a do casal que morava numa ilha do Rio Doce, cultivava cana-de-açúcar e frutas e fazia rapaduras e outros doces. A ilha perdeu o rio para uma hidrelétrica. Os vinháticos, amarelos e rajados, foram dizimados também pelo bicho homem. Mas quero minha canoinha, nem que seja de um tampo de kombi velha

Peixes cascudos e piabas eram oferecidos nas ruas,
pendurados pela boca em cordões

A ITALIANA

Antes do vôqui, o pai pilotava uma bicicleta antigaça. Era sobre ela que fazia o caminho para o seu primeiro sítio, para além do Capa Bode, margem direita do Matipó. Para chegar à modesta casinha-sede, cruzávamos as águas numa canoinha. Era atada por um aro que deslizava em cabo de aço. Com a engenhosidade um tanto rústica, o velho fabricou uma cadeirinha de madeira onde levava um ou outro filho criança sobre o quadro da bike.

Quando enviuvou, a mãe, do alto de seu senso prático, decidiu se desfazer das coisas do falecido que para ela não tinham serventia. Uma irmã batizou esse processo de Fogueira de Israel – parte das coisas arderam em chamas num canto do quintal. Muitas foram doadas a quem quisesse carregá-las.

Morava em São Paulo e não pude acompanhar o julgamento judicioso de Maria do Carmo a respeito da utilidade de cada guardado do velho. Tampouco a execução das penas de fogueira ou degredo.

Anos depois, percebi as lacunas abertas naquele passado material. Em uma das visitas à mãe, lembrei-me de que havia a bicicleta, e que ela se fora pra local não sabido. Não me senti autorizado pela educação da família a fazer perguntas à Maria do Carmo. Até porque, antes de botar aquilo tudo fora, ofereceu a tralha aos filhos, que não quiseram ou não puderam guardá-la consigo.

Martineli era um jovem à época. Quando chegou aos 51 anos, a mesma idade do meu irmão caçula, de quem foi colega de escola, contou-me. Maria do Carmo deu a velha bicicleta para um homem a quem pagara pra capinar o quintal. O rapaz de prenome italiano soube, e correu a comprar a bike. Já nesse tempo, Martineli havia começado a adquirir e restaurar as bicicletas dos homens antigos da cidade.

Em casa, entre outras preciosidades, guarda as bicicletas do Miguel dos Correios. Se me lembro bem, era um pouco gordo e usava vasto bigode. Pilotava tranquilo, com uma cesta à frente do guidom carregada de jornais que distribuía pela cidade. Cheguei a vê-lo com uma pilha de exemplares de *O Globo*, de uma edição que trazia uma matéria com minha assinatura.

Martineli orgulha-se do acervo e me assegura que não venderia por preço nenhum a bicicleta do velho Bernardino. É uma Pallas italiana, me ensina o colecionador, vermelho granada. Estima que tenha sido fabricada em 1950. Observou que o Bernardino não comprava coisa ruim. Tinha de ser uma Pallas italiana. E emendou que só a venderia pra mim, o filho de mesmo prenome.

Pensei bem, e concluí que o melhor dono para essa bicicleta é mesmo o amigo de prenome italiano. A não ser que, um dia, Martineli resolva fazer sua própria Fogueira de Israel. Então, irei salvar a Pallas das chamas do inferno

Alameda nas redes sociais:
Site: www.alamedaeditorial.com.br
Facebook.com/alamedaeditorial/
Twitter.com/editoraalameda
Instagram.com/editora_alameda/

Esta obra foi impressa em São Paulo na primavera de 2021. No texto foi utilizada a fonte Palatino Linotype em corpo 11,5 e entrelinha de 16,5 pontos.